Los Mitos de la Religión

Francisco M. Richard

<u>**Legal**</u>

Este libro no podrá ser reproducido ni total ni parcial-
mente, sin el previo permiso escrito del autor. Todos los
derechos reservados.

Por el autor:
Francisco M. Richard
Copyright:
(Derecho reservado)
ISBN: 9781728997414

Agradecimiento

Agradezco la ayuda y el empeño constante, que mantuvo la profesora Isabel L. Sago, quien realizó un gran esfuerzo, para que esta obra se hiciera realidad. Su empeño en la revisión de la obra, y en la confección del prólogo, son aspectos fundamentales, que han hecho que ésta sea terminada satisfactoriamente. La profesora es además, Licenciada en Lengua, y Literatura Inglesa.

Mi más sincero agradecimiento.

El autor.

Prólogo

Los mitos de la religión, es una obra que pretende informar al lector acerca de hechos que se reflejan en la socie dad humana. En la medida en que los hombres crecemos física y psicológicamente, nos familiarizamos con conceptos que escuchamos en nuestro entorno familiar y social que nos obligan a meditar en ideas que más tarde nos acompañarán a lo largo de nuestra vida y que resultan incomprensibles para nuestra mente o muy difícil de entender o interpretar; pensemos en la vida y sus misterios.

Nuestro tránsito a lo largo de la infancia, juventud y ma durez en el marco de las dificultades materiales y sociales, nos hacen pensar en Dios, la religión, nuestra creencia, las oraciones, la fe religiosa, la bendición de Dios, etc, como aspectos prácticos necesarios para ir desentrañando los misterios de la vida.

"Los mitos de la religión" se propone ayudar al lector en el análisis y conclusiones personales acerca de los prin cipios y valores de la sociedad en la que le ha tocado vivir, de modo que pueda comprender ciertas reflexiones indivi duales con respecto a la espiritualidad humana; puesto que un mito es una fantasía producto de la imaginación. Se le puede considerar una teoría que expresa los sentimientos de una colectividad, y que se convierte en estimulo de un movimiento o grupo social.

En esta obra se describen las características principales de las religiones más sobresalientes en el mundo, hacien do referencia a algunos de sus mitos y leyendas.

Isabel L. Sago

Tabla de contenido

La vida y sus misterios

Las creencias religiosas a lo largo de la historia del hombre.

En el transcurso de la civilización humana y casi paralelamente con el desarrollo de su pensamiento, los seres humanos hemos realizado prácticas y actividades diversas que tanto en forma individual como colectiva han da do muestras de nuestra existencia, modo de vida, moral y espiritualidad. En el marco de las actividades, las creen cias religiosas han sido utilizadas tradicionalmente como motor impulsor o forma de motivación importante para adaptar, modificar y transformar el medio natural y social.

"La filosofía (gr.philosophia) fue en un principio, una reflexión científica sobre la naturaleza y las causas que provocan la existencia del universo, el ser humano y la sociedad" [1]*

El pensamiento se manifestó en el sentido anterior desde el Siglo VII a.C. en Grecia, donde Platón y Aristóteles(Siglo IV a. C.) se erigieron en las grandes figuras de esta reflexión.

La religión (lat. religio, -onis, escrúpulo, sentimiento re ligioso, religión). Es el conjunto de creencias, prácticas y ritos específicos que definen las relaciones entre el ser humano y la divinidad. Cuando nos adentramos en diferentes definiciones y consideraciones acerca de la religio sidad y la descripción de estos fenómenos, generalmente encontramos innumerables opiniones.

[1]* El Pequeño Larousse Ilustrado. Pág. 450

Religiones más practicadas en el mundo contemporáneo.

Según algunas estimaciones, en el mundo de hoy existen alrededor de 4,200 religiones vivas, e innúmerables extintas.

La práctica de una religión puede incluir las siguientes actividades:

-rituales	-sermones
-deidades(dioses/osas)	-meditación
-sacrificios	-oración
-festivales	-arte
-festines	-danza
-trance	-servicio comunitario
-oficios funerarios	-música
-oficios matrimoniales	

De acuerdo con el Teísmo, o creencia en una o más deidades, las religiones se pueden clasificar en Monoteístas (un dios creador del universo) de las cuales el cristianismo y el islamismo son las más numerosas, y Politeístas (diversos dioses) entre las que se encuentran el hinduismo, el shinto japonés, así como las antiguas religiones de la humanidad, como la griega romana y egipcia. También están incluidas la mayoría de las corrientes del neo paganismo moderno.

La religión o doctrina monoteísta solamente admite un Dios, como el judaísmo, el cristianismo y el islamismo.

Judaísmo. Es el conjunto de las ideas e instituciones religiosas del pueblo judío. Se considera que es la más antigua de las tres religiones monoteístas, conocidas también como religiones abrahámicas.

Históricamente del judaísmo se desglosaron las otras dos religiones, cristianismo e islamismo.

La práctica del judaísmo, se basa en las enseñanzas de la Torá, que está compuesta por cinco libros(Pentateuco).

La Torá o Pentateuco, es uno de los tres libros que conforman el Tanaj (Antiguo Testamento, según el cristianismo) a los que se atribuye inspiración divina.

La característica principal de la fe judía es, la creencia en un Dios, omnipotente y providente, que habría creado el universo y elegido al pueblo judío, para revelarle la ley contenida en los **Diez Mandamientos** y las prescripcio nes rituales de los libros tercero y cuarto de la Torá. Otro rasgo es que se considera no sólo como una religión, sino también como una tradición y una cultura concebida para un pueblo específico. El judaísmo, no le exige a los no judíos unirse al pueblo judío, ni adoptar su religión.

Los judíos son de Egipto.

Rey de los judíos (Moise) Egipto.

El judaísmo lo fundó Abraham.

El calendario judaico tiene más de 7660 años.

El judaísmo, data de más de 60,000 años.

Actualmente el idioma oficial es el hebreo; hablado en Israel y también lo hablan en muchos países los representantes del judaísmo, incluyendo algunos adeptos.

Cristianismo

Con la aparición del cristianismo, la filosofía se fue apar tando poco a poco de la teología, que trata de Dios y de sus atributos y perfecciones.

Durante los siglos XVI y XVII con Copérnico y Descar tes se empezó a distinguir entre filosofía y problemas físicos. La reflexión sobre el ser humano, su moral y su libertad, se fue haciendo más precisa. El cristianismo o conjunto de las religiones basadas en las enseñanzas de Jesucristo, se funda en la revelación divina inaugurada por el Antiguo Testamento y manifestadas en las enseñanzas de Jesucristo hijo de Dios y Salvador del mundo.

El cristianismo se extendió durante la Edad Media Superior, a pesar de que desde su nacimiento se enfrentó con graves problemas: las herejías, el cisma de Orien te(1054) que separó la iglesia Bizantina de la latina, el cisma de Occidente(1378) y la Reforma (siglo XVI), que separó el protestantismo de la iglesia romana. Con el siglo XIX gracias a las misiones, el cristianismo se difundió por todo el mundo.

El Catolicismo es, el conjunto de la doctrina, instituciones y prácticas de la iglesia católica romana. Según la doc trina católica el Papa es, el jefe de la iglesia, sucesor de San Pedro; los obispos están bajo su autoridad.

El Protestántismo es, el conjunto de las doctrinas religiósas de Lutero y sus seguidores. Entre otras, reune a di versas iglesias como las luteranas, reformadas, anglica nas, etc, cuya unidad se basa en tres afirmaciones fundamentales: 1, la autoridad soberana de la Biblia en materia de fe (todo lo que solo es tradición humana es rechazado); 2, la salvación por la fe, que es un don de Dios (las buenas obras no son la causa de la salvación sino su consecuencia); 3, la fuerza del testimonio interno del Espíritu Santo, por la cual el creyente comprende el espíritu de la palabra de Dios que se expresa en los libros santos. El protestantismo no pretende ser un conjunto doctrinal, sino una actitud común del pensamiento y de la vida, que es la fidelidad al Evangelio.

La Ortodoxia, es el conjunto de doctrinas y opiniones conformes a la revelación, y a las decisiones oficiales de la iglesia. La iglesia ortodoxa busca preservar la fe Cristiana original y apostólica.

Además del catolicismo, el Protestantismo y la Ortodoxia, no debemos olvidar otras religiones cristianas.

<u>Iglesia Copta</u>. Relativa a los cristianos de Egipto y de Etiopía, que profesan el monofisismo. El monofisismo, es la doctrina declarada herética (relativo al hereje) por el concilio de Calcedonia (451) que solo reconocía en Jesucristo la naturaleza divina.

<u>Movimiento Rastafari</u>, que surgió de la iglesia copta de Egipto.

<u>Calvinistas</u>, que profesan el espíritu de Calvino (1509-1564).

<u>Baptista</u>, surgida a partir del Protestantismo.

<u>Evangelismo</u>, que agrupa diversas Iglesias cristianas protestantes.

<u>Metodismo</u>, movimiento surgido desde el Protestántismo en Gran Bretaña en el siglo XVIII.

<u>Pentecostalismo</u>, impulsado en 1901 por un predicador metodista de U.S.A.

<u>Cuáqueros</u>, movimiento protestante fundado en el siglo XVIII en Inglaterra.

<u>Unitarios</u>, nacido en el siglo XVI. Niega la Santísima Trinidad y afirma el uso de la razón en la religión.

<u>Universalistas</u>, que surgió del metodismo inglés y está arraigado principalmente en U.S.A.

<u>Doctrina</u> <u>Nestoriana</u>. Doctrina de Nestorio, monje y sacerdote de Antioquia (380-451) según la cual en Jesucristo coexistieron dos personas, una divina y otra humana.

El pensamiento de Nestorio, prosperó en el siglo XIII y aún existe al norte de Irak.

<u>Maronistas</u>, católicos de ritos sirios, descendientes de los discípulos de San Marón (Libano).

<u>Testigos</u> <u>de</u> <u>Jehová</u>: fundada en 1870 y conocidos como «los estudiantes de la Biblia» hasta 1931. Presentes en 236 países.

<u>Historia de la iglesia Episcopal</u>

La iglesia Episcopal (Anglicana) es una parte de la iglesia Cristiana y como tal ha tenido una existencia continua, ininterrumpida desde la fundación de la iglesia.

Forma parte de la Comunión Anglicana Mundial, la cual es una de la más grandes ramas de la Iglesia, Una, Santa, Católica y Apostólica. No aceptó el tratado de Roma.

Es también una iglesia reformada, y esto se debe a que durante XVI, cuando la iglesia de Inglaterra se separó de la autoridad del Obispo de Roma, se realizaron diversas reformas, tales como: volver a las Sagradas Escrituras como regla de fe, hacer los oficios de culto en el idioma del pueblo, poner fin a los abusos surgidos durante la Edad Media, y abolir el celibato obligatorio.

<u>Iglesia</u> <u>Episcopal</u> <u>en</u> <u>los</u> <u>Estados</u> <u>Unidos</u>.

La iglesia Episcopal de los Estados Unidos es la iglesia nacional estadounidense de la comunión anglicana, que comprende 108 diócesis dentro de los <u>Estados</u> <u>Unidos</u>, las <u>Islas</u> <u>Vírgenes</u> <u>Estadounidenses</u>, <u>Haití</u>, <u>Taiwán</u>, Colombia, <u>República</u> <u>Dominicana</u>, <u>Ecuador</u>, <u>Honduras</u>, <u>Puerto</u> <u>Rico</u> y <u>Venezuela</u>.

15

Por sus siglas en inglés, se le conoce como ECUSA (Episcopal Church in the USA-Iglesia Episcopal en los Estados Unidos de América).

La Catedral Nacional de Washington es la principal iglesia de la iglesia Episcopal, que funciona además como centro de reunión nacional y está afiliada al gobierno por una ley del Congreso que fue aprobada el 6 de Enero de 1883.

La iglesia Episcopal fue fundada en 1789, a raíz de la proclamación de la independencia por parte de las Trece Colonias Británicas en América del Norte, ya que antes de la Guerra de Independencia, era parte de la iglesia de Inglaterra, a cuyo clero se le exigía aceptar la supremacía del monarca británico.

Cuando el clero de Connecticut eligió a Samuel Seabury como obispo, este se dirigió a Inglaterra para tratar de ser consagrado. Como el juramento de supremacía se convirtió en un problema difícil de resolver, el obispo electo decidió dirigirse a Escocia, donde el colegio Episcopal escocés lo consagró en Aberdeen el 14 de noviembre de 1784, como primer obispo anglicano fuera de las islas británicas. Fue así como los obispos estadounidenses obtuvieron la sucesión apostólica a través de los obispos de Escocia.

Todas las iglesias nacionales son casi iguales. En los Estados Unidos cuenta con una feligresía de 3 millones de personas aproximadamente. Entre sus miembros honorables ha tenido presidentes de los Estados Unidos, jueces de la Corte Suprema, miembros del Congreso y otros. La fuente teológica principal de los episcopales, es el Libro de la Oración Común. Estos libros fueron publicados en 1789, 1892, y 1928; fue actualizado por última vez en 1979.

Estructura interna de la Iglesia.

La unidad básica de gobierno es la diócesis, siendo el obispo su líder ordenado. Otros líderes ordenados son los presbíteros, y los diáconos. Los laicos participan plena mente de la vida y el gobierno de la iglesia.

Cada diócesis está compuesta por diferentes tipos de congregaciones: misiones, capillas, parroquias, y catedra les; la catedral está regida por un decano.

La Iglesia Episcopal tiene muchísimas similitudes con la iglesia católica, pero difiere en cuanto a la interpretación de algunos sacramentos:

La Confesión es una mera declaración del perdón concedido por Dios.

La creencia en la presencia real de Cristo en la Eucaristía.

Islamismo. Es la religión de los musulmanes. Fue fundada por Mahoma en el siglo VII. Se extendió por Asia y en menor medida por África y Europa. En la actualidad se calcula que en el mundo hay más de 1, 600 millones de musulmanes que la practican.

El Corán, que Alá reveló a Mahoma, junto con la tradi ción, constituye el fundamento de la vida religiosa y política del islamismo. El dogma fundamental del Islam, es un monoteísmo estricto. La ley canónica (saría o sharía) establece los cinco deberes fundamentales, o cinco pilares de los creyentes.

1) La profesión de la fé, o sahãda, no hay más Dios que Alá, y Mahoma es un enviado.

2) La plegaria ritual cinco veces al día.

3) El ayuno durante el ramadán.

4) La peregrinación a la Meca, o hayí, al menos una vez en la vida.

5) La limosna ritual. Esta ley comporta también prescripciones de orden político, jurídico, alimentario e higiénico.

6) En las dos grandes ramas del Islam, el sunismo y el chiismo, no hay otro clero, ya que son únicamente los guías religiosos (ulema y mullah) los que interpretan la ley y velan por su aplicación.

Religiones africanas que más se practican en el mundo.

Con el desarrollo del colonialismo y el esclavismo, dece nas de miles de negros africanos fueron capturados y trasladados para trabajar en las plantaciones de Brasil, las Antillas, y la América española. Estos africanos lleva ron consigo sus hábitos, costumbres alimentarias, música, prácticas religiosas, etc. De igual modo, muchos colo nialistas se asentaron en las áreas africanas imponiendo las religiones cristianas que profesaban las metrópolis. De ahí se originó el sincretismo religioso.

En el mundo de hoy las creencias africanas se practican en casi todas las regiones, siendo las más conocidas las siguientes:

Santería
Vudu
Candomblé
Kimbanda
Umbanda,
Palo congo(árbol principal) etc

La Santería, es una combinación de ritos, ceremonias rituales, toque de claves, con una filosofía originaria animista, combinadas con reliquias católicas. Data de más de 20.000 años.

Vudu. Es una creencia de África Occidental(Nigeria) que fue llevada al Caribe (Haití) y al sur de U.S.A. (Orlando) Según su historia, originalmente fue practicada por los indios celtas de España, y en la actualidad se practica en Egipto, India, China y otras regiones del mundo.

Candomblé. Creencia de origen totémico (relativo a un tótem o entidad de la Naturaleza, que una sociedad toma como protectora y a la cual rinde culto). Es una combinación afro-brasileña, practicada por negros e indios.

Kimbanda. También se originó en Brasil, por el sincretismo del cristianismo y las religiones africanas.

Umbanda. Tuvo su origen en la combinación de tres creencias: El Candomblé, la doctrina de Allan Kardé, y las creencias cristianas.

Candomblé, Kimbanda, Ubanda, Santería y otras. Estas cuatro ramas son oriundas de "Palo Congo, África". El Vudú, es el árbol central de estas y otras ramas...
Los siete carderos representan las etnias más poderosas, que a veces están representadas por un solo cardero. Esto ocurre en el ámbito afro-oriental, del África subsahariana.
Palo congo se originó en el Paleolítico Inferior hasta nuestros días; ya que sus actuaciones lo demuestran.

Clasificación de los grupos étnicos de África.

1) <u>Los Ashanti o asantes</u>(Ghana). Grupo más influ yente dentro de Costa de Marfil. Ocupan la región de Ghana y hablan <u>twi,</u> una lengua similar al <u>fante,</u> pero con mayor número de hablantes, 7 millones de personas aproximadamente.

   Los Ashanti o asantes desarrollaron un imperio de gran alcance antes de la colonización europea. En 1,900 su reino fue sometido por los británicos, quienes lo renombraron como la colonia (Gold Coast), conocida actualmente como Ghana. Según la leyenda de África Occidental, Nyame es el Dios del cielo.

2) <u>Pueblo beja</u>

   Los beja son un pueblo nómada que vive principalmente en las montañas de la costa del mar Rojo, en Sudán. Cerca de 2 millones, no son árabes, sino cusitas. Se denominan bedawiyet, pero hablan el árabe como segunda lengua; son los descendientes de los blemios. Se independizaron en el siglo XVIII, pero se sublevaron en 1,844; por lo que fueron masacrados por los egipcios. Se convirtieron al cristianismo durante el siglo VI.

   Durante las cruzadas (siglos X-XI) vendían agua y otros productos a los peregrinos musulmanes.

   En el siglo XIII se hicieron musulmanes. Las mujeres tienen el cabello largo y los hombres lo llevan estilo afro.

3)   <u>Mandinga</u>, <u>mandika</u>, <u>malinké</u> <u>o</u> <u>manden</u> (grupo étnico de África Occidental). Residen en diferentes países del Oeste de África: Gambia, Senegal, Guinea Bissau, Mali, Sierra Leona, Liberia, Burkina Faso y Costa de Marfil. Algunas lenguas mandinga son: el mandinka (Gambia, Guinea Bissau y Senegal), el maninka occidental (Senegal y Mali), maninka oriental (Guinea y Mali), etc. También hablan el portugués, el francés y el inglés.

El pueblo manden tiene en su haber la fundación del mayor de los antiguos imperios del oeste africano. Desde el punto de vista étnico y cultural los mandingas se relacionan de cerca con los fulanis y los wolos de la costa atlántica y los songhai del Sahara.

El imperio de Mali, fue un estado medieval cuyo núcleo fue la región de Bamako, en el actual Mali. Era conocido por su generosidad y la riqueza de sus gobernantes; la profunda influencia de su cultura en la cultura de África Occidental permitió la difusión de su lengua, leyes y costumbres a lo largo del río Niger.

El pueblo manden ha sido predominantemente musulmán desde el siglo XIII. En áreas rulares muchos combinan la creencia islámica con ciertas creencias animistas, tales como la creencia en espíritus y el uso de amuletos.

4)   <u>Ibo</u> <u>o</u> <u>pueblo</u> <u>igbo</u>. Grupo étnico de África Occidental. Se encuentra en el sudeste de Nigeria (17% de la población), asi como en Camerún y Guinea Ecuatorial, constituyendo una de las étnias más extendidas en África.

Su idioma es llamado igbo. Hay aprox. 25 millones de igbos y 19 millones hablan el idioma y sus dialectos, aunque actualmente la mayoría habla inglés. Son leales a su Dios, llamado Ima mma, que se pronuncia "Ima ima"

5) <u>Hausas</u>. Los hausas son el mayor grupo étnico de África Occidental. Constituyen un pueblo Sa heliano ubicado mayoritariamente en el norte de Nigeria y en el sureste de Níger, pero también tienen una presencia relevante en regiones tales como Camerún, Ghana, Costa de Marfil, Chad y Sudán. Hablan la lengua hausa, una lengua afro asiática del grupo chádico. La mayoría de los hausas permanecen en pequeñas ciudades y pueblos donde cultivan cereales y crían ganado.

La ciudad de Kano, al norte de Nigeria, es considerada el centro comercial y cultural del pueblo hausa. Los hausas están emparentados cultural e históricamente con los fulani, songhai y tuareg, al igual que con otros grupos afroasiáticos y nilo-saharianos, en Chad y Sudán.

El Islam ha estado presente en tierra hausa desde el siglo XI. Las yihads llevada a cabo en los siglos XVIII y XIX llevaron a la conversión forzósa, la esclavitud o la muerte de los que mantenían prácticas religiosas tradicionales diferentes del Islam. Los pueblos hausas han constituido un factor importante para expansión del Islam. La práctica de la religión animista se ha mantenido intacta en las zonas más remotas, aun que en las zonas más pobladas sólo queda el "culto de la posesión espiritual". Por motivos religiósos, los hombres usan elaborados vestidos, hechos a partir de largas batas que suelen llevar elaborados diseños bordados alrededor del cuello. También utilizan coloridas capas bordadas conocidas como fula, y según el lugar y la ocupación, pueden llevar un turbante para cubrir su rostro. Las mujeres pueden ser identificadas por que llevan trajes de paño llamados abaya, hechos con coloridas telas, blusas a juego, pañuelo en la cabeza, y chal.

Los hausas eran famosos en la Edad Media. Tra dicionalmente montaban camellos del Sahara y caballos árabes.

6) <u>Khoikhoi</u>

Los khoikhoi ("hombres de los hombres"), simplemente khoi (o joi) y más conocidos como hotentotes, son un pequeño grupo étnico nómada del África del sudoeste, específicamente de Botsuana y Namibia, que se separó de los koisan y llegó desde el sur a esta región a principios del si glo VI. Están estrechamente relacionados con los bosquimanos). Sus lenguas se clasifican dentro de la macrofamilia khoisan. Esta lengua se caracteriza por chasquidos que le dan un sonido característico. Son de piel parda, y estatura promedio de 1,50m.

Hace unos siglos, los khoikhoi ocupaban un territorio más extenso en el África Austral. Estos fueron los habitantes con los que primero se encontraron los europeos, al llegar a la zona de la Colonia del Cabo. Los holandeses le llamaron hotentotes.

Hace 2,600 años, según registros históricos, apa rece que los khoikhoi se destacaban como pasto res, especialmente en la cría de ovejas.

Los khoikhoi tienen una colección extensa de historias folklóricas parecidas a las de los bantúes; tenían culturas distintas con prácticas religiósas. La Luna era un Dios de gran reverencia, creador y protector de su salud. Gunab, el malvado de las enfermedades y la muerte. En Namibia muchos se convirtieron al cristianismo y desde 1,980, al islamismo.

7) <u>Oba de Benin</u>

El Oba de Benin era el rey del antiguo reino de Benin. El título de oba se deriva de la lengua materna de los yoruba (un importante grupo étnico en África), y significa rey o gobernante. Este reino permaneció activo entre 1,180 hasta 1,897, que perdieron sus poderes reales con la anexión del reino por los británicos, en 1,897.

Desde 1,486, se establecieron vínculos entre Por tugal y Benin, por lo que el arte de Benin estuvo fuertemente influenciado por el contacto con la cultura europea.

La juventud del oba era planeada por la reina madre, en un palacio a pocos kilómetros de la ca pital, lejos del barullo de la corte.

A la llegada al poder del estado, la vida del oba se caracterizaba por las innumerables ceremonias y sacrificios rituales.

La tradición dice que en Benin se acostumbraba a decapitar a los reyes vencidos. Sus cabezas eran ofrecidas al oba; quien las confiaba a los artesanos broncistas, los cuales realizaban dos réplicas de la cabeza del rey vencido.

El palacio era el centro geográfico, y también el político y el espiritual del reino Edo. En este palacio se encontraban los altares dedicados a los antepasados y objetos rituales preciosos. Solo el oba y la iyoba podían depositar objetos de bronce en los altares de los antepasados.

La sociedad de Benin es multilingüe. El Francés que fuera introducido en el periodo colonial, sigue siendo la lengua oficial, así como otros lenguajes que se utilizan en las diversas esferas de actividad existentes. Todo lo anterior ha contribuido a que actualmente muchos de los habitantes de Benin, sean políglotas.

8)	<u>Soninké.</u>

Los Soninké, son un grupo étnico de África Occidental, que vive en grupos dispersos entre Senegal, Mauritania y Mali, así como en el Este de Gambia, en Costa de Marfil, Guinea Bissau, Ghana y Burkina Faso. Son un pueblo mandé que descienden de los bafour, y está estrechamente relacionado con los imraguen de Mauritania. Actualmente siguen constituyendo la columna vertebral de países como Gambia, Senegal y Mali. A través de toda la historia han sido los comerciantes de diamantes en oro, sal y diamantes. Hablan el idioma soninké que pertenece al grupo de las lenguas mandé, al que también pertenecen el mandika, bambara etc.

Religión: Sobre el año 1,006, los nobles sonique abrazaron el Islam, siendo los primeros grupos étnicos subsaharianos en seguir las enseñanzas de Mahoma. Por lo general son musulmanes sunitas.

Hay algunas comunidades cristianas y también grupos animitas.

Los soninké viven hoy en toda África Occidental, especialmente en torno a la tierra del ex-imperio de Ghana. La mayoría viven en el Oeste de Mali y en la frontera del país con Senegal, entre Nara y Nioro du Sahel.

<u>Yoruba</u>

Constituyen un grupo etnolinguístico importante del oeste africano. El nombre nativo del idioma es edé yorubá(lengua yoruba) y cuenta con 22, millones de hablantes. Es un dialecto que forma parte de las Lenguas Benué-Congo. Se habla en Benín, Togo y en Nigeria donde es una de las lenguas oficiales.

La mayoría de los yoruba viven en el suroeste de Nigeria, pero también existen comunidades importantes de origen yoruba en las repúblicas de Benín y Togo. De igual modo se destaca la diáspora yoruba en Sierra Leona, Brasil, Colombia, Carolina del Norte, República Dominicana, Cuba, Trinidad, México, Venezuela y Panamá. Poseen un sistema religioso que se ha expandido en toda la diáspora yoruba, conocida como Regla de Osha-Ifá o mitología yoruba.

El patrimonio cultural e identidad de los yorubas es reconocido en América y muy popular en Latinoamérica, particularmente en Haití, Cuba, Brasil y Puerto Rico, teniendo cada una de ellas sus raíces en la música yoruba. Sus creencias religiosas son complejas y reconocen una amplia variedad de deidades. Al igual que en otras regiones africanas, el yoruba estuvo en contacto con el Islam a través del comercio con el Imperio malí de Mansa Musa, pues los musulmanes de ese tiempo se concentraban en muchas de las metrópolis yoruba.

<u>Distribución de las tribus africanas por países.</u>

<u>Nota:</u>

Tribus: Los bereberes habrían surgido de los primeros y antiguos habitantes de África del Norte. En el paleolítico, y neolítico se llamaban Tuareg, Rif, Kabil, Shawia, Haratin, Sluh y Beraber. Cada tribu habla diversos dialectos; viven a lo largo y ancho del continente africano. Actualmente se han dispersado también por diferentes regiones de Asia, y Europa.

En el continente africano se hablan 1,300 lenguas.

Dialecto: Son casi una treintena de lenguas y cientos de dialectos que hablan las diversas tribus Berebere.

Hace más de 2,500 años poseen su sistema de escritura "Libico"

Religión: Islam, cristiana, judaísmo, incluyendo el politeismo tradicional

<u>Características de las filosofías que han servido de base a creencias religiosas que actualmente se practican en el mundo Medio-Oriental</u>.

La historia del budismo comenzó en el siglo VI a.C. con el nacimiento de <u>Buda</u> y llega hasta nuestros días, lo que hace del budismo una de las religiones más antiguas practicadas hoy en la historia.

El budismo, es el sistema filosófico y religioso que se basa en las enseñanzas de Buda.

Buda Gautama nació en Lumbini, Nepal, entre los años 566-478 a.C. en lo que se conoce como Periodo Védico.

A lo largo de todos esos siglos, ha sido seguida en varios países y culturas, añadiendo a su cultura de origen (cultura India), las culturas de Asia Central, del Este, y del Sureste, así como algún otro elemento <u>helenístico.</u>

El budismo, consta de 28 textos sagrados; el Buda actual es el número 28. La doctrina budista pretende ser una respuesta al sufrimiento, el cual es identificado con la vida misma.

Buda es una figura religiosa sagrada para el budismo y el hinduismo. Vivió en una época de cambios culturales durante la cual se atacaban los procedimientos religiosos tradicionales de la India. En esta religión,"buddha" significa "despierto". El budismo ha ido evolucionando en la historia, y en la actualidad existe una gran diversidad de escuelas y prácticas. En opinión de los estudiosos del tema, el próximo Buda, aparecerá dentro de miles de años. Buda inició su ministerio, que duró más de cuarenta años durante los cuales fundó la primera orden monástica de mujeres. A edad de 80 años, falleció.

<u>Hinduismo</u>. Es una religión politeísta, originaria de la India. Su base filosófica es la identidad del yo individual con el yo universal o absoluto. Procede de la religión de

los invasores arios. Su fundamento teórico se encuentra en los textos que se definen como creencias comunes al brahmanismo y al budismo (liberación del ciclo de los nacimientos, yoga).

El hinduismo se diferencia del brahmanismo y del budismo, por la creencia en la existencia de un principio uni versal (atman-brahman) y por la creencia en un panteón que le está subordinado (India, Brahma, Visnú y Si va), así como por una organización social específica, el sistema de castas. Es predominante en el sub continente indio, especialmente en la India y en Nepal, siendo la 3era. más extendida del mundo con más de mil millones de fieles.

Al hinduismo, no se le reconoce fundador; no es una religión ni una filosofía, sino una suma de ellas. Es un conjunto de creencias metafísicas, religiosas, cultos, costumbres, y rituales que conforman una tradición, en la que no existen órdenes sacerdotales que establezcan un dogma único, ni una organización central. Se trataría más bien de un conglomerado de creencias procedentes de pueblos de diferentes regiones con la que trajeron los arios que se establecieron en el valle del Indo. Según los hinduistas aquella tradición religiosa, no tiene principio ni tendrá fin, y ha existido durante más de 5,000 años. Consideran que es la tradición religiosa más antigua del mundo.

Otras prácticas religiosas del mundo contemporáneo.Características del chamanismo.

El concepto chamanismo, se puede describir como el conjunto de prácticas y creencias mágicas que son guíadas por el chamán, considerado en algunas regiones como el Hechicero de la religión.

El Hechicero es la persona que entra en comunicación

con los espíritus, mediante la utilización de las técnicas del éxtasis y del trance, y que tiene dotes de curación y adivinación. Se dice que el chamán tiene la capacidad de diagnosticar y de curar el sufrimiento del ser humano, y en algunas sociedades la capacidad de causarlo.

Las tradiciones del chamanismo han existido en todo el mundo desde épocas prehistóricas. El chamán es definido como un intermediario entre el mundo natural y espiritual, que viaja entre los mundos en un estado de trance. Y una vez que se encuentra en el mundo de los espíritus, se comunica con ellos para lograr ayuda en la curación, la caza, o el control del tiempo. Por esta razón, algunos escritores han descrito al chamán como persona que tiene fuerte ascendencia en su ambiente circundante y en la sociedad de la que forma parte.

A diferencia del animismo, o creencia que atribuye alma a todos los seres, fenómenos, y objetos naturales, y en el que su práctica es individualizada, el chamanismo requiere conocimientos o capacidades especializadas. Se puede decir que los chamanes son los expertos por las comunidades animistas; sin embargo, no se organizan en asociaciones rituales o espirituales, como lo hacen los sacerdotes.

En el mundo actual existen muchas variantes de chamanismo, práctica que es propia de la región de <u>Siberia Oriental</u>. Existen diversos chamanes esparcidos en todo el mundo, que actúan como médico y guías espirituales, que según se dice realizan "ascensos al cielo".

De acuerdo con la filosofía espiritualista, los espíritus existen y juegan un papel importante tanto en las vidas individuales, como en la sociedad humana.

El chamán puede tratar enfermedades causadas por espíritus malignos, así como emplear técnica para inducir trance, e incitar al éxtasis visionario. También puede

<u>30</u>

abandonar su cuerpo para entrar en el mundo sobre natural, en busca de respuestas. Se cree que puede evocar
imágenes de animales como guías de espíritus, presagios
y mensajes.

Desde el punto de vista etimológico, chamán se referia
a los sanadores de las áreas turcas y mongolas del centro-
norte de Asia(Siberia) y Mongolia. Significa 'médico' en
turco-tungus, que significa literalmente el que sabe. En
su uso común, es equivalente a 'brujo', un término que
une las dos funciones del chamán: conocimiento del sa-
ber mágico y capacidad para curar a las personas, o re-
parar una situación problemática.

Funciones del chamán
Los siguientes ejemplos ilustran algunas funciones.
1 El chamán y el jaguar son identificados en algunas cul
turas amazónicas: el jaguar se puede mover libremente
en la tierra, en el agua y trepando árboles, al igual que el
alma del chamán.

2 En algunas culturas siberianas se cree que algunas
aves acuáticas, se relacionan con el chamán y que el chamán toma su forma.

3 El chamán puede realizar otras funciones, en depen-
dencia de la sociedad donde practican sus artes, tales como curación, liderar un sacrificio, conservar la tradición con historias, canciones y, videncias etc.
La práctica de los chamanes. En las sociedades chamani
cas, el chamán juega el papel del curandero. Para curar
y utiliza métodos espirituales, y también físicos. Muchos
chamanes utilizan con frecuencia muchas de las hierbas
o plantas de sus áreas de residencia como régimen de tra-
tamiento.

Algunas sociedades distinguen los chamanes que curan de los hechiceros que hacen daños. Otras personas creen que todos los chamanes tienen el poder tanto de curar, co mo de matar.

Normalmente, el chamán goza de un gran prestigio en la comunidad, y es celebrado por sus conocimientos, pero también puede ser sospechoso de hacer daño a otro, y por lo tanto puede ser temido.

Algunos materiales de las plantas que se utilizan en los tratamientos pueden ser mortales, y el fallo de volver de un viaje extracorpóreo puede llevar a la muerte física.

Los chamanes pueden utilizar diferentes métodos y técnicas para caer en trance; el trance es el momento crítico, decisivo y difícil por el que pasa una persona. Es el estado en que un médium manifiesta fenómenos paranormales: se dice que es el estado del alma en unión mística con los espíritus. Los siguientes son ejemplos de algunos de estos métodos y técnicas utilizados para llevar a cabo estos trances.

1 El uso del tabaco mejora la concentración, y actúa sobre el psiquismo.

2 Toque del tambor.

3 Bailar, cantar y escuchar música.

4 Vigilias, ayunos y cabaña de sudación.

5 Lucha con espadas.

6 Plantas "potentes" o "maestras" usadas como incienso

7 Hongos psicodélicos, como María Sabina.

8 Cannabis(marihuana)

9 Cactus de San Pedro etc.

En ocasiones los chamanes utilizan objetos ostentosos ta les como: pluma de águila, sonajero, gong, y otros.

El género y la sexualidad en el mundo chamánico.

Algunas culturas han tenido mayor número de chamanes hombres que mujeres. Las culturas coreanas nativas han tenido preferencia por las mujeres. La evidencia arqueológica reciente sugiere que a partir del Paleolítico Superior, los primeros chamanes conocidos en lo que era la República Checa, eran mujeres.

En algunas sociedades los chamanes muestran una iden tidad de dos espíritus, adoptando la vestimenta, los atributos, y la función del sexo opuesto. Se cree que los chamanes de dos espíritus son especialmente poderosos.

Recorrido histórico del chamanismo.

Algunos autores consideran que el chamanismo es el antecedente de todas las religiones, por haber aparecido antes del Neolítico.

El paganismo griego estaba influenciado por el chamamismo; algunas prácticas chamánicas de la religión griega, fueron copiadas más adelante por la religión romana, siendo la caza de brujas la última persecución para acabar con el remanente del chamanismo europeo.

En el Caribe, y América Central y del Sur, los sacerdotes católicos seguían los pasos de los conquistadores y eran el instrumento de destrucción de las tradiciones locales, denunciando a sus practicantes como "representantes del diablo", por lo que los ejecutaban.

En Norte América, los puritanos ingleses realizaban campañas periódicas de ataque contra los pueblos indígenas, a quienes consideraban como brujos; más recientemente se han realizado por misioneros cristianos, ataques contra participantes en prácticas chamánicas, en países del <u>Tercer</u> Mundo En la década de 1970, algunos misioneros desfiguraron petroglifos históricos en el <u>Ama zonas</u>. También en otros lugares, como por ejemplo en <u>Mongolia</u> ocurrió una historia de destrucción semejante entre budistas y chamanes.

En la actualidad, el chamanismo sigue sobreviviendo so bre todo en pueblos indígenas; su práctica continúa en las selvas, los desiertos y otras áreas rurales, al igual que en ciudades, pueblos, suburbios, y aldeas de todo el mundo. Se extiende especialmente en África, y también en Sudamérica, donde existe el llamado chamanismo mestizo.

Chamán siberiano

El chamán buriato Tash Ool Buuevich Kunga consagrando un <u>ovoo</u>.

Chuonnasuan (1927–2000), el último chamán del <u>pueblo oroqen</u>, fotografiado por <u>Richard Noll</u> en julio 1994 en Manchuria, cerca de la frontera formada por el **río Amur** entre China y Rusia (Siberia). El chamanismo oroqen se encuentra ya extinto.

Un chamán <u>yupik</u> expulsando a los espíritus malvados de un niño enfermo en <u>Nushagak</u>, <u>Alaska</u>, en torno a 1890.

Una mujer chamán jakasia o <u>kijí</u>altaica a principios del siglo XX. Su origen exacto no puede determinarse a partir de la imagen.

Un chamán guiando una ceremonia de fuego en <u>Kyzyl</u>, república de <u>Tuvá</u>, Rusia.

Tambor chamán

Chamanismo en África

Chamán sudamericano

Chamán del Caribe

39

Influencia de la videncia o adivinación en la sociedad humana. La predicción del futuro.

La videncia o adivinación es la habilidad de quienes afirman poder predecir hechos venideros por sí mismos, o mediante el uso de sortilegios. El sortilegio era la práctica de la adivinación del futuro mediante artes mágicas; la palabra se deriva del lat. (sortilegus, adivino).

La adivinación se basa en la magia o en la interpretación de signos de la naturaleza. Sin embargo, en la época moderna y contemporánea, el término sortilegio se ha convertido generalmente en sinónimo de hechizo o hechizamiento, mientras que para la adivinación en sus distintas formas se ha adoptado el término videncia.

La capacidad para adivinar el futuro es una creencia que se ha asociado a la ansiedad que siente el ser humano por su futuro, y por lo impredecible. Se dice que está presente, abierta o disimuladamente en todas las sociedades y culturas que han existido, desde el Neolítico hasta nuestros días, y a pesar del triunfo del empirismo científico como única visión cosmológica dominante.

En el concepto de sortilegio están incluidas todas las mancias. Entre ellas cabe destacar por su relevancia social, la cartomancia o tarotismo(adivinación mediante el uso de naipes de juegos u otros diseñados a tal efecto); la quiromancia o lectura de la palma de la mano, la cafemancia o adivinación mediante la lectura de los posos del café u otras infusiones; y la cleromancia, que es una adivinación antiquísima que se hacía por medio de los dados o habas. Se deriva del griego suerte y adivinación.

El tarot o adivinación.

El tarot es un juego de barajas o naipes que también se utiliza como medio de consulta e interpretación de los hechos del presente, del pasado o del futuro. Permite interpretar sueños, percepciones, o estados emocionales; también constituye un tipo de cartomancia y sus orígenes se remontan al siglo XIV.

La técnica del Tarot se basa en la selección de cartas de una baraja especial, que luego son interpretadas por un lector según el orden en que han sido repartidas. La baraja del tarot está compuesta por 78 cartas divididas en arcanos mayores y menores. La palabra arcano provie ne de latín arcanum, que se significa "misterio o secreto"

<u>Lectura del tarot</u>

La lectura del tarot se apoya en la creencia de que las cartas se pueden usar para la comprensión de situaciones actuales y futuras de la persona consultante. Algunas per zonas afirman que las cartas son guiadas por una fuerza espiritual, mientras que otras creen que las cartas los ayu dan a introducirse en un inconsciente colectivo.

Unos de los métodos más utilizados es el de las tiradas, que consiste en voltear un número de cartas que previamente han sido barajadas al azar, y repartidas en un cier to orden boca abajo, dándole una interpretación(valor o significado) a cada carta según la posición relativa en la que se encuentre sobre la mesa, y en relación con las cartas adyacentes. De esta forma el tarotista hace su interpretación sobre su significado. Existen además, programas de cómputo, o aplicaciones para Facebook o celulares que replican las tiradas con cartas.

Para las tiradas existen distintas configuraciones:

1 Método sencillo, o Gran Cruz.

2. La Cruz Mágica.

3. Tirada horoscópica.

4. El árbol de la vida.

5. Tirada céltica.

Significado de las cruces o emblemas en las culturas y religiones.

La cruz es uno de los símbolos humanos más antiguos que constituye el emblema de muchas culturas y religiones.

Desde el punto de vista geométrico, una cruz se forma cuando dos líneas se cruzan perpendicularmente, es decir, que dicha línea forma un ángulo recto con la otra. Según los estudiosos del tema, fue en Cnosos o Knósos, principal ciudad de la Creta antigua, donde se encontró una cruz de mármol que data del siglo XV antes de Cristo. En la antigüedad, en un madero en forma de cruz hincado en el suelo, se clavaba o ataba a los condenados a muerte como castigo.

En el mundo contemporáneo los hombres contemplamos muchos símbolos que en realidad son cruces, o sus aplicaciones. Por ejemplo, hablamos de cruzar la calle, y en realidad lo que hacemos es atravesar una calle do- ble por otra, formando una cruz; en nuestra comunica- ción diaria cruzamos o intercambiamos palabras, salu- dos, sonrisas, etc., con otras personas. En la observación de otros signos y caracteres de uso social, comprobamos la aplicación del concepto de la cruz.

1) En la numeración romana, el número 10 se escribe X.
2) En el alfabeto latino, la letra X y la t minúscula, son cruces.
3) El signo más(+) y el signo de multiplicar(x) son cruces.

<u>Detalles de las cruces que se relacionan a continuación:</u>

Cruz ansada

Cruz ansada, en forma de lazo, asa, o ansa(latin cruz ansata) Conocida como llave de la vida, o cruz egipcia.

Cruz latina

Es la cruz más utilizada por el cristianismo que representa la muerte de Jesucristo y su posterior resurrección.

Cruz celta

Cruz Cristiana con anillo alrededor de su intersección.

Cruz copta moderna

Es la más utilizada por la iglesia copta de Alejandría y la católica copta.

Cruz griega

Posee sus cuatro brazos del mismo tamaño. Ha sido utilizada desde el cristianismo primitivo y por cristianos ortodoxos.

Cruz de San Pedro

Es una cruz latina invertida, basada en la tradición del martirio del Apóstol San Pedro.

Cruz marinera

Es una cruz situada sobre un ancla. También se conoce como cruz de San Clemente.

Cruz ortodoxa

Es la cruz a ocho puntos, formada de un palo alisado cargado de tres travesaños.

Cruz papal

Igualmente conocida como cruz Pontificia. Simboliza la autoridad del pontífice romano como obispo de Roma.

Cruz presbiteriana

Cruz con los extremos de sus brazos decorados con un anillo, utilizada por la iglesia presbiteriana, heredera de las cruces celtas medievales de Irlanda y Gran Bretaña.

Cruz Esvástica

Es una cruz con los brazos torcidos. En su forma invertida, fue el emblema del Partido Nazi de Adolfo Hitler. como firma.

Cruz de Tau

Tiene la forma de una letra te mayúscula. También llamada cruz egipcia o de San Antonio. Francisco de Asís la empleó

Cruz sacra de mármol

Data del siglo XV, con simbo-
logía astral en templo de Cnosos
(Creta) 1600 antes de Cristo.

Cruz Roja

Cruz griega de color rojo
utilizada como símbolo de esta
organización internacional.

Las manos de Dios

Símbolo pre-cristiano de la mitología
eslava. En algunas culturas centroeuro-
peas, era un símbolo de suerte.

Cruz solar

Es una cruz con sus brazos iguales,
situada dentro de un circulo. Fue
un símbolo común en la Europa
Prehistórica, y en particular durante
el periodo Neolítico hasta la Edad de
Bronce.

Símbolo de la organización de sanidad internacional, reconocida por
33 países islámicos.

Símbolo de la organización de sanidad
internacional, adoptadada por Israel.

Banderas de diversos países, que tienen insig-
nias de cruces.

Australia

Dinamarca

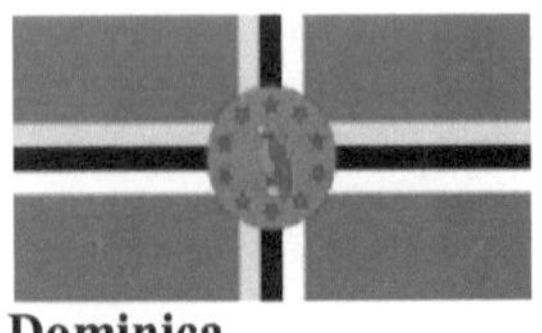

Dominica

Dominicana

Fidji

Finlandia

Gran Bretaña

Grecia

Islandia

Jamaica

Noruega

Nueva Zelandia

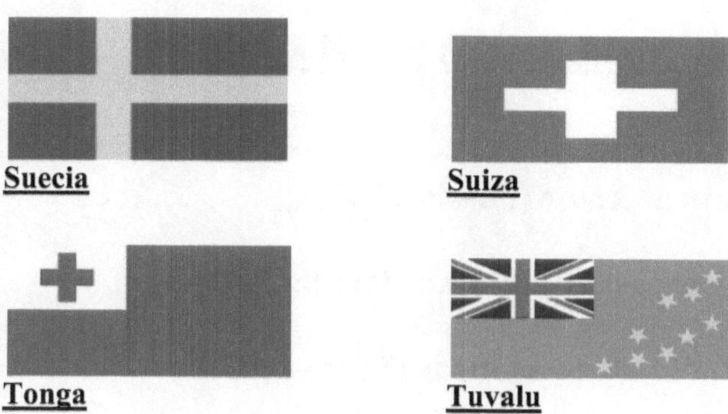

Suecia

Suiza

Tonga

Tuvalu

Teniendo en cuenta que el uso de la cruz es evidencia del desarrollo social, encontraremos su presencia en diversas banderas o símbolos de la nacionalidad de muchos países, organizaciones sociales, etc.

Otros libros publicados por el autor

1. **Canto al Amor (Poesía-2001)**

2. **Canto a la Humanidad (Poesía-2002)**

3. **Reflexiones Filosóficas (Texto-2003)**

4. **Cuarta Dimensión (Texto-2005)**

5. **Electricidad (Texto-compilación-2010)**

6. **Singing to Love(Poetry-2006)**

7. **Mundo Invisible (Texto compilación-2014)**

8. **Inventos e Inventores(Texto-compilación-2016)**

9. **Energética (Texto-compilación-2018)**